KOLLEKTIV MARUDO

Diese Buchreihe stellt Band für Band die Bauwerke von ausgewählten jüngeren Schweizer Architekturschaffenden vor, deren Arbeiten durch besondere Qualität überzeugen. Seit 2004 kuratieren wir die Reihe *Anthologie* in Form einfacher Werkdokumentationen. Sie ist vergleichbar mit der «Blütenlese», wie sie in der Literatur für eine Textsammlung vorgenommen wird. Es liegt in der Natur des Architektenberufs, dass die Erstlingswerke meist kleinere, übersichtliche Bauaufgaben sind. Sie sind eine Art Fingerübung, mit der junge Architekturschaffende das Erlernte anwenden und ihr architektonisches Sensorium erproben und entfalten können. Begabung und Leidenschaft für das Metier lassen sich dabei früh in voller Deutlichkeit und Frische erkennen. So stecken in jedem der kleinen und grossen Projekte inspirierte Grundgedanken und Vorstellungen, die spielerisch und zugleich perfekt in architektonische Bilder, Formen und Räume umgesetzt werden. Immer wieder wird mir dadurch bewusst, dass in der Architektur wie in anderen Kunstformen die Bilder und Ideen, die hinter einem Werk stehen, das Wesentliche sind. Es mag diese Intuition sein, die Kunstschaffende haben, die über ihr Werk wie ein Funke auf die Betrachtenden überspringt, so wie es der italienische Philosoph Benedetto Croce in seinen Schriften eindringlich beschrieben hat.

Heinz Wirz
Verleger

Each volume in this series presents buildings by selected young Swiss architects whose works impress with exceptional quality. Since 2004, we have been curating the *Anthologie* series by simply documenting their oeuvre. The series can be compared to a literary anthology presenting a collection of selected texts. It is in the nature of the architectural profession that early works are mostly small, limited building tasks. They are a kind of five-finger exercise in which the young architects apply what they have learnt, as well as testing and developing their architectural instincts. Talent and a passion for the profession can be seen at an early stage in all of its clarity and freshness. Each project, be it large or small, contains an inspired underlying concept and ideas that are playfully and consummately implemented as architectural images, forms and spaces. Thus, I am regularly reminded that in architecture, as in other art forms, the essence of a piece of work is formed by the images and ideas upon which it is based. Perhaps this is the same intuition described so vividly by the Italian philosopher Benedetto Croce, one that is absorbed by the artist and flies like a spark via the work to the viewer.

Heinz Wirz
Publisher

KOLLEKTIV MARUDO

QUART

VORWORT

Bertram Ernst

Als Teil der Generation X ist ein Kollektiv für mich der Gegenentwurf zum Kapitalismus. Will also das Kollektiv Marudo in jugendlichem Übermut den kapitalistischen Architekturbetrieb stürzen? Weit gefehlt: Hinter dem Namen stecken vielmehr Überlegungen zur Autorschaft. Kein Individuum erdenkt hier in einem genialen Anflug von Kreativität die Projekte, sondern alle planen, bauen gemeinsam, dialogisch und in unterschiedlichen Intensitäten. Der Einfluss des *Individuums* geht in der Arbeit des *Kollektivs* auf.

Bei den Arbeiten in dieser Publikation fallen mir – bei aller Unterschiedlichkeit – durchgehende Themen auf, welche ich thesenhaft betiteln möchte: Das Kollektiv Marudo realisiert Architektur, plant Objekte und untersucht Typologien. Im Gegensatz zu vielen ähnlich jungen Architekturschaffenden hat das Kollektiv Marudo in den wenigen Jahren seines Bestehens bereits einige Bauten realisiert. Es besteht offenbar ein grosses Interesse an der unmittelbaren baulichen und somit auch *pragmatischen* Umsetzung architektonischer Ideen – und weniger an rein theoretischen Auseinandersetzungen.

Die hier vorgestellten Projekte sind in den Plänen und Bildern beinahe losgelöst vom Kontext publiziert. Es lässt sich hier ein Interesse am einzelnen architektonischen Objekt herauslesen, welches seine Qualitäten aus der Auseinandersetzung mit Fragen der Nutzung, Struktur und des Materials schöpft und im Dialog mit der Umgebung einen Ort mitprägt. Exemplarisch hierfür steht das Korki-Areal in Dürrenäsch: Freigestellt auf weissem Grund vereinen sich schwarz gezeichnete Grundrisse in einem Plan. Diese bespielen typologisch unterschiedliche Formen eines identischen Themas – Wohnungsbau im Mittelland – und schaffen zugleich im Zusammenspiel der architektonischen Objekte öffentlichen Aussenraum.

Im Gespräch mit Kollektiv Marudo fällt immer wieder das Wort Sorgfalt – gegenüber der architektonischen Aufgabe, dem Raum, der Konstruktion, dem Material, dem Licht, aber auch gegenüber der Bauherrschaft, den ökonomischen und ökologischen Ressourcen, dem Baurecht und der zukünftigen Nutzer- und Bewohnerschaft. Für eine der Gesellschaft verpflichtete Architektur und den Weg, den das Kollektiv noch gehen wird, ist Sorgfalt sicherlich eine gute und wichtige Basis.

FOREWORD

Bertram Ernst

As a member of Generation X, I understand the word "collective" as an alternative concept to capitalism. Does that mean the youthful exuberance of Kollektiv Marudo aims to overturn the capitalist architectural sector? Far from it: the name is solely derived from considerations on authorship. Projects are never conceived by one person's stroke of creative genius, but developed, planned and built by all collaborators in a joint process, through dialogue and with varying intensities. The influence of the *individual* is immersed in the work of the *collective*.

Despite the variety of the projects in this volume, I notice common themes I would categorize as, "Kollektiv Marudo produces architecture, plans buildings and investigates typologies." Unlike many other young peers, during the few years of its existence, Kollektiv Marudo has already constructed a number of buildings. It shows great interest in the direct constructive – and therefore pragmatic – implementation of the architectural idea, and less in theoretical investigation.

The projects presented in this volume with plans and images are almost detached from their context. Through them, we deduce an interest in the individual architectural object that draws its qualities from engaging with aspects of use, structure and the material, helping to shape a location through its dialogue with its surroundings. The Korki Areal in Dürrenäsch is a good example: black floor plans are united in one plan on a white background. They represent different typological forms of an identical theme – housing in the Mittelland region – while the interaction between the architectural objects also creates public outdoor space.

The word "care" is often used in conversations with Kollektiv Marudo: for the architectural task, the space, construction, material and light, but also with respect to the client, economic and ecological resources, building code and the users and residents. Certainly, care is a good and important foundation for architecture that assumes social responsibility, and for the path that the collective will take in the future.

SCHULANLAGE BRÜHL, SOLOTHURN

Die Schulanlage Brühl befindet sich peripher des Stadtzentrums im Weststadt-quartier und spannt zusammen mit der Sportanlage und dem Fussballstadion einen prägenden Ort innerhalb des homogenen Wohnquartiergefüges auf. Das neu erstellte Schulhaus ist ein Erweiterungsbau und greift die Idee des Bautyps Pavillon auf. Die Typologie des Schulhauses vermittelt mit rundumlaufender Arkade direkt zwischen Innen- und Aussenraum – verstärkt durch aussen lie-gende Treppen. Dieser gedeckte Aussenbereich ist Erschliessungs-, Begeg-nungs- und Aufenthaltsraum zugleich. Die schwungvollen Treppen haben An- und Austritt an derselben Stelle und verbinden die Zugänge ins Gebäude unmittelbar. Das baulich-architektonische Grundprinzip basiert auf dem Be-dürfnis nach räumlicher Flexibilität. Das statische Gerüst bildet ein Betonbau im modularen Prinzip. Ein exaktes Rastermass unterteilt die Schulräumlich-keiten. Ein hölzerner Leichtbau in Form von Fassadenelementen und raumbil-denden Schrankmöbeln in den Innenräumen füllt das sichtbare Betonskelett. Das roh und materialnah gehaltene Schulhaus bildet den pädagogischen Rah-men für eine flexible Aneignung der Nutzerschaft.

Offener Projektwettbewerb, 1. Rang
Ausführung: 2018–2022
Bauherrschaft:
Stadt Solothurn
Baumanagement: Zulauf & Schmidlin Architekten
Fotos: Rasmus Norlander

Open competition, 1ˢᵗ Prize
Construction: 2018–2022
Client: City of Solothurn
Building management:
Zulauf & Schmidlin
Architekten
Photos: Rasmus Norlander

BRÜHL SCHOOL COMPLEX, SOLOTHURN

The Brühl school complex is located on the periphery of the city centre in the Weststadt district and, together with the sports facility and the soccer stadium, forms a distinctive location within the homogeneous residential district structure. The newly constructed school building is an extension and takes up the idea of the "pavilion" building type. The typology of the school building mediates with a circular arcade directly between the interior and exterior space – strengthened with exterior stairs. This covered outdoor space is an access, meeting and recreation area at the same time. The sweeping staircases have their entrance and exit at the same point and directly connect the entrances to the build-ing. The basic structural-architectural principle is based on the need for spatial flexibility. The static framework is a concrete building based on a modular principle. A precise grid divides the school premises. A wooden lightweight construction in the form of façade elements and space-creat-ing cabinet furniture in the interior spaces fill the visible concrete skel-eton. The school building, kept raw and close to the materials, forms the pedagogical framework for flexible appropriation by the users.

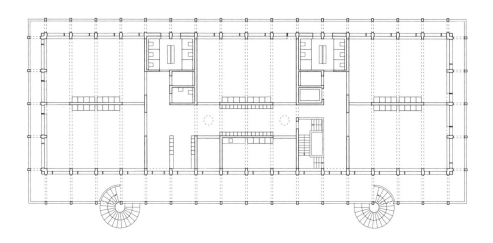

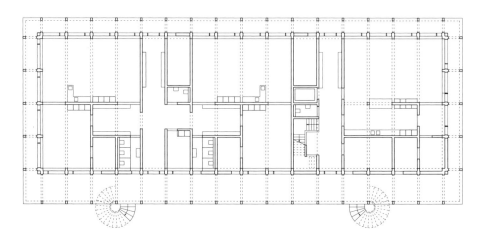

10m

10

RUSTICO, PORTO RONCO

Das Rustico befindet sich auf einem schmalen, lang gezogenen Grundstück direkt am westlichen Ufer des Lago Maggiore und diente einst als Garten- und Fischerhaus für das Haupthaus, das sich im nördlichen Teil des Anwesens befindet. Während das Haupthaus in den 1940er Jahren errichtet wurde, thronte das Rustico schon seit längerer Zeit etwas weiter oben im Garten mit eigenem Sitzplatz. Durch eine geschickte Erweiterung wurde es in ein kompaktes, aber dennoch geräumiges Gästezimmer von 15 Quadratmetern mit eigenem Badezimmer umgewandelt. Durch den rustikal gehaltenen Betonaufsatz wurde der archaische Charme des Rusticos mit seinen Natursteinmauern gesichert und die ursprüngliche Gebäudeform erhalten. Das Dach wurde in traditionellem Stil renoviert, wobei ein Holzdachstuhl mit massiven Granitplatten aus einem nahegelegenen Steinbruch sowohl Alt als auch Neu überspannt. Die dunkel lasierten Fichtenoberflächen bilden einen Kontrast zur robusten äusseren Hülle und rahmen den Blick auf den See.

Direktauftrag
Ausführung: 2019–2022
Bauherrschaft: Privat
Fotos: Giorgio Marafioti

Direct contract
Construction: 2019–2022
Client: Private
Photos: Giorgio Marafioti

RUSTICO, PORTO RONCO

The rustico is located on a narrow, elongated plot of land directly on the western shore of Lago Maggiore and once served as a garden and fisherman's cabin for the main house, which is located in the northern part of the property. While the main house was built in the 1940s, the rustico had already been enthroned for some time a little further up the garden, with its own seating area. Through a clever extension, the rustico was transformed into a compact yet spacious guest room of 15 square metres with a private bathroom. The rustic concrete extension has preserved the archaic charm of the rustico, with its natural stone walls, while keeping the original shape of the building. The roof was renovated in a traditional style, including a wooden truss with solid granite slabs from a nearby quarry, spanning both the old and the new elements. The dark-glazed spruce surfaces contrast with the sturdy exterior shell and frame the view of the lake.

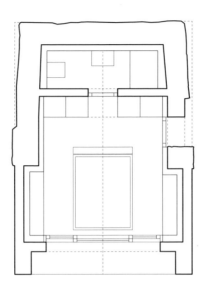

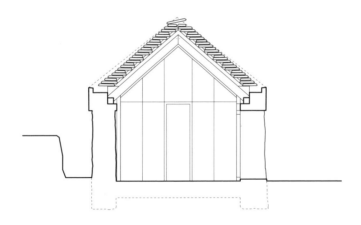

3 m

QUART

HIGHLIGHTS

2023 /2

Feine Fassaden
Tektonik Schweizer Stadthäuser

Form und Widerstand bilden die Essenz aller architektonischer Arbeit. Besonders offensichtlich lässt sich das Wechselspiel von Wirkung und Machart an Fassaden ablesen. Sie orchestrieren den Übergang zwischen Innen und Aussen, sie zeitigen die zugrundeliegende Haltung, wie sich Bauwerke zur Umgebung verhalten. In ihrer Artikulation von Technik und Ästhetik, Tragen und Lasten, Proportion und Zweckmässigkeit sowie Rhythmik und Materialität sind sie zugleich Spiegel wechselnder Produktionsverfahren und gesellschaftlicher Wertesysteme.

Architekt Lando Rossmaier untersuchte mit Studierenden der Hochschule Luzern die Bandbreite architektonischer Konstruktions- und Ausdrucksmöglichkeiten von Schweizer Stadthausfassaden. Mit der vorliegenden Anthologie stellt er eine Auswahl von 86 Bauten des 20. Jahrhunderts und bis heute zur Verfügung, die in ihrer Tektonik feinfühlig gearbeitet wurden und dem urbanen Lebensgefühl seit Jahrzehnten Hintergrund sind.

Herausgegeben von:
Lando Rossmaier, Karin Ohashi

244 Seiten, 20,6 × 32 cm
101 Abbildungen,
86 Axonometrien
Hardcover, fadengeheftet
deutsch ISBN 978-3-03761-278-1
CHF 68.– / EUR 62,–

Feine Fassaden
Tektonik Schweizer Stadthäuser

Form and resistance are the essence of all architectural work. This is especially clear in the interaction between the effect and construction method of façades. They orchestrate the transition between interior and exterior worlds; they manifest the underlying approach and the way buildings behave towards their surroundings. In their articulation of engineering and aesthetics, supporting and loads, proportion and practicality, and rhythm and materiality, they reflect both varying production methods and social value systems.

The architect Lando Rossmaier worked with students at the University of Lucerne to study the range of architectural means of construction and expression with respect to Swiss townhouse façades. This anthology presents a selection of 86 buildings with sensitively developed tectonics, dating from the 20th century to the present day, all of which have formed a backdrop for an urban way of life for decades.

Edited by: Lando Rossmaier,
Karin Ohashi

244 pages, 20.6 × 32 cm
101 images,
86 axonometric diagrams
Hardback, thread-stitched
German ISBN 978-3-03761-278-1
CHF 68.00 / EUR 62.00

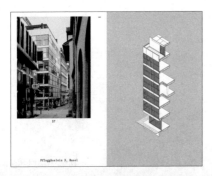

Pfluggässlein 3, Basel

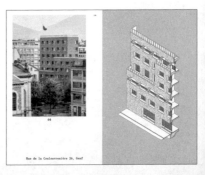

Rue de la Coulouvrenière 26, Genf

Hotel Palace Luzern – Denkmalpflegerische Erneuerung
Iwan Bühler Architekten

1906 wurde das Hotel Palace an der prominenten Luzerner Quai-Promenade nach Plänen von Heinrich Meili-Wapf – einem der wichtigsten Luzerner Architekten jener Zeit – erstellt. Das wie aus einem Guss entstandene mächtige Gebäude wurde sowohl aufgrund seiner fortschrittlichen Bau- und Gebäudetechnik als auch wegen seiner architektonischen Gestaltung zu einem der in der Schweiz wichtigsten Hotelbauten seiner Zeit.
Nach mehreren zeittypischen Umbauten im Inneren wurde das Gebäude 2018–2022 durch den Luzerner Architekten Iwan Bühler einer umfassenden sorgfältigen denkmalpflegerischen Erneuerung unterzogen. Das Ergebnis zeichnet sich aus durch einen optimalen Erhalt der bestehenden Substanz, das Aufdecken und Wiederherstellen der vielmals differenzierten, feinsinnigen Qualitäten und des Reichtums des ursprünglichen Bauwerks sowie durch behutsame, nutzungsbedingte Erneuerungen einzelner Teile im und am Gebäude.

Herausgegeben von:
Iwan Bühler
Textbeiträge: Iwan Bühler,
Cony Grünenfelder,
Peter Omachen u.a.

136 Seiten, 22,5 × 29 cm
135 Abbildungen, 31 Pläne
Leinenband, fadengeheftet
deutsch/englisch
ISBN 978-3-03761-267-5
CHF 68.– / EUR 62,–

Hotel Palace Lucerne – Heritage Renovation
Iwan Bühler Architekten

In 1906, the Hotel Palace was built along Lucerne's prominent Quai Promenade according to plans by Heinrich Meili-Wapf – one of the most important Lucerne architects of the time. The mighty building, which appears as if it were developed out of a single block, is regarded as one of the most important Swiss hotel developments of its time, both due to its pioneering construction and building technology, and due to its architectural design.
After several interior conversions that were typical for the times of their implementation, the building was carefully and comprehensively renewed by the Lucerne-based architect Iwan Bühler between 2018 and 2022, taking aspects of monument preservation into account. This demanded ideally preserving the existing building fabric, while revealing and reproducing the building's often differentiated and subtle qualities, as well as the wealth of the original building. The work also included carefully renewing individual elements inside and outside the building to accommodate current utilisation.

Edited by: Iwan Bühler
Articles by: Iwan Bühler,
Cony Grünenfelder,
Peter Omachen et al.

136 pages, 22.5 × 29 cm
135 images, 31 plans
Cloth-bound, thread-stitched
German/English
ISBN 978-3-03761-267-5
CHF 68.00 / EUR 62.00

27 DRDH – London/Antwerpen

Das sorgfältig und solide entwickelte Werk der Londoner Architekten Daniel Rosbottom und David Howarth ist seit 2000 kontinuierlich gewachsen. Jüngst wurden wichtige Bauten wie die aussergewöhnlich elegante und festliche Konzerthalle in Bodø (Norwegen) und die intelligent in die kleinstädtische Struktur verwobenen Alterswohnungen in Aarschot (Belgien) vollendet.

76 Seiten, 22,5 × 29 cm, 106 Abbildungen, 30 Pläne fadengeheftete Broschur, CHF 48.– / EUR 44,– deutsch/englisch ISBN 978-3-03761-129-6

The meticulously, carefully and solidly developed work by the London architects Daniel Rosbottom and David Howarth has continuously grown since 2000. Recent important buildings include the concert hall in Bodø (Norway), which has an outstandingly elegant and festive character, and the housing for the elderly in Aarschot, Belgium, which is intelligently integrated into the small-town structure.

76 pages, 22.5 × 29 cm, 106 images, 30 plans
Stitched brochure, CHF 48.00 / EUR 44.00
German/English ISBN 978-3-03761-129-6

28 Liebman Villavecchia – Barcelona

Eileen Joy Liebman und Fernando Villavecchia haben seit 1987 mit Sitz in Barcelona (Spanien) eine Reihe unterschiedlicher Projekte realisiert. Ihr Schwerpunkt liegt auf Wohnarchitektur und der Renovierung historischer Gebäude in den verschiedensten ländlichen und städtischen Umgebungen. Zu den Projekten zählen die sorgfältige Restaurierung und Umgestaltung der Casa Coderch Milá von 1958 in Cadaqués (2017) und die Casa Sant Llorenç (2014) in den Bergen von Lérida.

88 Seiten, 22,5 × 29 cm, 156 Abbildungen, 52 Pläne fadengeheftete Broschur, CHF 48.– / EUR 44,– deutsch/englisch, ISBN 978-3-03761-274-3

Since 1987, Eileen Joy Liebman and Fernando Villavecchia have produced a series of diverse projects from their studio in Barcelona, Spain, with an emphasis on residential architecture and the renovation of historic buildings in a range of rural and urban contexts. Projects include the careful restoration and adaptation of the 1958 Casa Coderch Milá in Cadaqués (2017) and the Casa Sant Llorenç (2014) in the mountains of Lérida.

88 pages, 22.5 × 29 cm, 156 images, 52 plans
Stitched brochure, CHF 48.00 / EUR 44.00
German/English ISBN 978-3-03761-274-3

29 Mikou Studio – Paris

Die Zwillingsschwestern Selma Mikou und Salwa Mikou gründeten 2006 in Paris – nach langjähriger Mitarbeit bei Jean Nouvel und Renzo Piano – ihr eigenes Büro. Jedes Projekt bedeutet für sie vorerst, sich von vorgefassten Formen zu befreien, um originelle Lösungen zu schaffen, die die Dimension des emotionalen Raumerlebnisses in das Zentrum rücken. So sind zahlreiche prominente Bauten in Châteauroux (2021) entstanden, wie das als dynamische Figur entwickelte Balsanéo Aquatics Center.

76 Seiten, 22,5 × 29 cm, 119 Abbildungen, 49 Pläne
fadengeheftete Broschur, CHF 48.– / EUR 44,–
deutsch/englisch ISBN 978-3-03761-269-9

The twin sisters Selma Mikou and Salwa Mikou founded their own Paris office in 2006 – after working for many years for Jean Nouvel and Renzo Piano. Each project primarily aims to liberate itself from preconceived forms in order to create original solutions that focus on the dimension of an emotional spatial experience. The architects have produced numerous prominent buildings in this way, including the Balsanéo Aquatics Center in Châteauroux (2021).

76 pages, 22.5 × 29 cm, 119 images, 49 plans
Stitched brochure, CHF 48.00 / EUR 44.00
German/English ISBN 978-3-03761-269-9

30 One O One – Seoul/서울

Choi Wook ist Gründer und Protagonist des Büros One O One in Seoul, Südkorea. Seit 2000 entstehen hier Jahr für Jahr einige Preziosen der Baukunst, die deutliche Affinitäten ebenso zur koreanischen Architekturtradition wie zur europäischen Architektur aufweisen. Handwerkskunst, Präzision im Detail, Materialechtheit und eindrückliche Raumschöpfungen sind nur einige der bemerkenswerten Attribute der 13 hier vorgestellten Projekte.

180 Seiten, 22,5 × 29 cm, 168 Abbildungen, 32 Pläne
fadengeheftete Broschur, CHF 48.– / EUR 44,–
deutsch/englisch ISBN 978-3-03761-283-5
koreanisch/englisch ISBN 978-3-03761-284-2

Choi Wook is the founder and protagonist of the One O One office in Seoul, South Korea. Since 2000, he has been creating a number of architectural gems year after year that show clear affinities to Korean architectural traditions as well as to European architecture. Craftsmanship, precision in detail, material authenticity and impressive spatial creations are just some of the remarkable attributes of the 13 projects presented here.

180 pages, 22.5 × 29 cm, 168 images, 32 plans
Stitched brochure, CHF 48.00 / EUR 44.00
German/English ISBN 978-3-03761-283-5
Korean/English ISBN 978-3-03761-284-2

ARCHITEKTUR MACHEN
SCHWEIZER ARCHITEKTUR-SCHAFFENDE IM GESPRÄCH

ROGER BOLTSHAUSER
CHRISTIAN KEREZ
BUCHNER BRÜNDLER
BAUBÜRO INSITU
LÜTJENS PADMANABHAN
DETOUR UNIVERSE
GIGON GUYER
STEFAN WÜLSER   QUART

120 Seiten, 20 × 26 cm
57 Abbildungen, 10 Pläne
Leinenband, fadengeheftet
deutsch
ISBN 978-3-03761-282-8
CHF 48.– / EUR 48,–

120 pages, 20 × 26 cm
57 illustrations, 10 plans
Cloth-bound, thread-stitched
German
ISBN 978-3-03761-282-8
CHF 48.00 / EUR 48.00

Architektur machen
Schweizer Architekturschaffende im Gespräch

In insgesamt acht Interviews mit Schweizer Architekten und Architektinnen wird der Entwurfsprozess erörtert. In den Gesprächen geht es um die Bedeutung, die die Architektur für die Entwerfenden hat, wie an eine Aufgabe herangegangen wird, um den Wert des Bildes, den Umgang mit Gesetzen und darum, wie die Herausforderungen des Klimawandels gehandhabt werden. Die Texte geben spannende Einblicke in das Schaffen der Architekturschaffenden. Geführt wurden die Interviews mit Barbara Buser (Baubüro Insitu), Andreas Bründler (Buchner Bründler Architekten), Christian Kerez, Roger Boltshauser, Oliver Lütjens und Thomas Padmanabhan, Annette Gigon (Gigon Guyer), Steffen Hägele und Tina Küng (DU Studio) sowie Stefan Wülser. In den unterschiedlichen und teilweise gegensätzlichen Haltungen der Architekturschaffenden offenbart sich, was Architektur alles sein kann und wie viele verschiedene Zugänge sie hat. Ergänzt werden die acht Interviews durch Abbildungen und Pläne, die spielerisch auf die thematisierte Architektur verweisen.

Architektur machen
Schweizer Architekturschaffende im Gespräch

Swiss architects discuss the design process in a total of eight interviews. The interviews focus on the importance of architecture for the designers, how a task is approached, the value of the image, how building laws are addressed and how the challenges of climate change are handled. The texts provide fascinating insights into the work of the architects. The interviews were conducted with Barbara Buser (Baubüro Insitu), Andreas Bründler (Buchner Bründler Architekten), Christian Kerez, Roger Boltshauser, Oliver Lütjens and Thomas Padmanabhan, Annette Gigon (Gigon Guyer), Steffen Hägele and Tina Küng (DU Studio) and Stefan Wülser. The different and sometimes contradictory attitudes of the architects reveal what architecture can be and how many different approaches there are.

The eight interviews are supplemented by illustrations and plans that playfully refer to the architecture discussed.

Peter Märkli. Everything one invents is true

Peter Märkli zählt seit den frühen 1980er-Jahren zweifellos zu den markantesten Deutschschweizer Architekten der ersten Stunde. Seine einprägsamen Bauten lassen sich jedoch nicht leicht in das Schema dieser Architekturbewegung einordnen. Zu sehr sind die einzelnen Bauwerke intensiv bearbeitete Individuen, die einer fortdauernden Bewegung des Suchens folgen. Immer eröffnen sie eigenständig und eindringlich Verbindungen der Geschichte der Architektur mit dem Impetus einer zeitüber-dauernden Gültigkeit.

Im vorliegenden Band sind 17 Bauten der letzten 15 Jahre mit Texten, Plänen und Abbildungen ausführlich dargestellt. Ergänzt wird die bemerkenswerte Werkdarstellung mit erhellenden Essays von Florian Beigel & Philip Christou, Franz Wanner und Ellis Woodman. Ein spannendes Interview mit Peter Märkli von Elena Markus und einzelne Statements des Architekten runden die eindrückliche Sammlung ab.

Herausgegeben von Pamela Johnston

Textbeiträge: Florian Beigel & Philip Christou, Pamela Johnston, Peter Märkli, Elena Markus, Franz Wanner, Ellis Woodman

240 Seiten, 29 × 29 cm
178 Abbildungen, 75 Pläne,
101 Zeichnungen
Hardcover, fadengeheftet
CHF 138.– / EUR 126,–
englisch ISBN 978-3-03761-138-8
(eingelegtes Booklet deutsch)
englisch ISBN 978-3-03761-139-5
(eingelegtes Booklet japanisch)

Peter Märkli. Everything one invents is true

Since the early 1980s, Peter Märkli has been one of the most striking protagonists of German Swiss architecture from the earliest period of its emergence. However his impressive buildings cannot be easily classified in the scheme of this architectural movement, since the individual buildings are intensely developed individuals that follow the continuous movement of seeking. They always open up connections with the history of architecture in an independent, powerful way and express the impetus of timeless validity.

This volume presents 17 buildings in detail from the last 15 years with texts, plans and images. The remarkable presentation of works is complemented by enlightening essays by Florian Beigel & Philip Christou, Franz Wanner and Ellis Woodman. An exciting interview with Peter Märkli by Elena Markus and individual statements by the architects round off the impressive collection.

Edited by: Pamela Johnston

Articles by: Florian Beigel & Philip Christou, Pamela Johnston, Peter Märkli, Elena Markus, Franz Wanner, Ellis Woodman

240 pages, 29 × 29 cm
178 illustrations, 75 plans,
101 sketches
Hardback, stitched
CHF 138.00 / EUR 126.00
English ISBN 978-3-03761-138-8
(German in an inserted booklet)
English ISBN 978-3-03761-139-5
(Japanese in an inserted booklet)

Gion A. Caminada – Cul zuffel e l'aura dado

Von Gion A. Caminada ist in der bündnerischen Surselva ein architektonisches Werk entstanden, das wie kein anderes unmittelbar in
den ökonomischen, geografischen und bautechnischen Prämissen
eines Ortes und den Lebensgewohnheiten seiner Bevölkerung be-
dingt ist.
Die neue Buchausgabe umfasst die Texte und die Projektsammlung
des Bandes Cul zuffel e l'aura dado und ist erweitert um eine Auswahl
der neueren Projekte seit 2005.
Herausgegeben von: Bettina Schlorhaufer
Fotos: Lucia Degonda
Textbeiträge: Gion A. Caminada, Jürg Conzett, Bettina Schlorhaufer,
Peter Schmid, Martin Tschanz, Peter Rieder, Walter Zschokke

2., mit neuen Projekten erweiterte
Auflage des Bandes Cul zuffel
e l'aura dado

296 Seiten, 22,5 × 29 cm
296 Abbildungen, 214 Skizzen/Pläne
Hardcover, fadengeheftet
CHF 138.– / EUR 126,–
deutsch/englisch
ISBN 978-3-03761-114-2

Gion A. Caminada – Cul zuffel e l'aura

Gion A. Caminada has produced architectural work in Surselva,
Grisons that is unique in being directly determined by the
ecological, geographical and structural engineering premises
of the location and the lifestyles of its population.
The new edition includes the texts and project collection of
Cul zuffel e l'aura dado and is extended to include a selection
of more recent projects since 2015.
Edited by: Bettina Schlorhaufer.
Photos: Lucia Degonda
Articles by: Jürg Conzett, Peter Schmid, Peter Rieder,
Walter Zschokke

2nd edition of Cul zuffel e l'aura
dado, extended to include new
projects

296 pages, 22.5 × 29 cm
296 illustrations,
214 sketches/plans
Hardback, stitched
CHF 138.00 / EUR 126.00
German/English
ISBN 978-3-03761-114-2

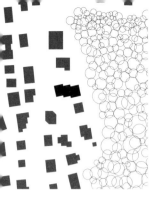

WOHNEN AM HANG, FISLISBACH

Hoch oben am Hiltiberg ist ein Ersatzneubau anstelle zweier Einfamilienhäuser entstanden. Im ehemaligen Bauerndorf staffelt sich der Holzbau in seiner Höhe und Ausrichtung den Hang hinauf und ermöglicht mit unterschiedlich grossen und vielseitig nutzbaren Wohneinheiten ein ruhiges Leben mitten in der Natur. Das terrassierte Volumen mit hölzerner Hülle fügt sich durch sein gestaffeltes Volumen harmonisch in die Umgebung ein und strickt die Körnigkeit des Quartiers weiter. Über private und gemeinschaftliche Innen- und Aussenräume mit hellen Wohnbereichen und grossen Balkonen und Terrassen ermöglicht der Neubau immer wieder einen atemberaubenden Blick in die Weite. Eine aussen liegende Treppenanlage erschliesst die einzelnen Wohnungen und etabliert eine gemeinschaftliche Wohnkultur. Das Mehrfamilienhaus wurde mit hochwertigem Schweizer Holz aus einem nahe gelegenen Wald errichtet. So ist der Neubau ökologisch nachhaltig und stellt die Verbindung zur regionalen Natur her.

Direktauftrag
Ausführung: 2020–2023
Bauherrschaft: Privat
Architekturpartnerschaft:
Zulauf & Schmidlin
Architekten
Innenarchitektur: studio eve
Fotos: Rasmus Norlander

Direct contract
Construction: 2020–2023
Client: Private
Partner architect: Zulauf &
Schmidlin Architekten
Interior design: studio eve
Photos: Rasmus Norlander

LIVING ON A SLOPE, FISLISBACH

High up on the Hiltiberg in the former farming village between Baden and Zurich that has grown over the last two centuries, a new building has been erected to replace two single-family homes. The wooden building, which has a staggered height and orientation on the slope, offers a quiet life surrounded by nature, with variously sized and versatile residential units. The terraced volume with a wooden envelope blends harmoniously with its surroundings through its staggered volume and strictly assumes the granularity of the neighbourhood. Through private and communal indoor and outdoor spaces, with bright living areas and large balconies and terraces, the new building repeatedly affords breathtaking views of the expanse. An exterior staircase provides access to the individual apartments and supports a communal living culture. The multi-family building was constructed with high-quality Swiss wood from a nearby forest. Thus, the new building is ecologically sustainable and creates a connection to the region's natural environment.

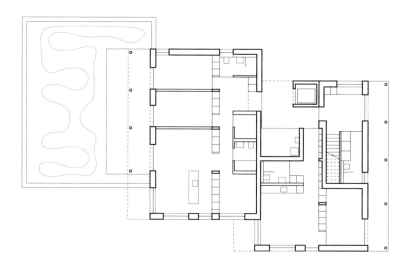

10m

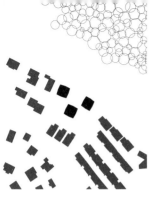

WOHNÜBERBAUUNG SANDHOF, KIRCHDORF

An der Tellestrasse, fernab des urbanen Kontexts, entsteht die neue Wohnüberbauung Sandhof auf einer seit Jahrzehnten landwirtschaftlich betriebenen Wiese. Die Parzelle als «Zahnlücke» am Siedlungsrand ist das letzte Puzzlestück in einem Wohnquartier unterhalb des dicht bewaldeten Hangs. Die Körnigkeit des Quartiers fordert eine präzise Setzung von drei Baukörpern. Die lockere, kleinteilige Bebauungsstruktur, die von der grünen Landschaft malerisch umspült wird, nimmt die ortsspezifischen Qualitäten der Durch- und Weitsicht auf. Das Konzept des grosszügigen Freiraums zieht sich im Innern der einzelnen Häuser weiter. Die Geschosswohnungen profitieren von einer allseitigen Orientierung und gewähren immer wieder einen kompletten Durchblick vom Wald ins Tal hinunter.

Die drei Baukörper sind als robuste Findlinge entworfen, bilden einen steinernen Kontrast zur grünen Umgebung und betten sich harmonisch in die Landschaft ein. Eine selbsttragende Klinkerfassade in beigegrauen Farbtönen, die der Umgebung entlehnt sind, bildet den muralen, naturnahen und zurückhaltenden Ausdruck der Neubauten.

Studienauftrag auf Einladung, 1. Rang
Ausführung: 2021–2024
Bauherrschaft: Privat
Architekturpartnerschaft: Zulauf & Schmidlin Architekten
Innenarchitektur: studio eve
Visualisierungen: OVI Images

Invited study, 1st Prize
Construction: 2023–2027
Client: Private
Partner architect: Zulauf & Schmidlin Architekten
Interior design: studio eve
Visualisation: OVI Images

SANDHOF HOUSING DEVELOPMENT, KIRCHDORF

On Tellestrasse, far from the urban context, the new Sandhof residential development is being built on a meadow that has been farmed for decades. Like a "tooth gap" at the edge of the settlement, the plot is the last piece of the puzzle in a residential quarter below the densely wooded slope. The granularity of the neighbourhood demands the precise placement of three building structures. The loose, small-scale building structure, which is picturesquely permeated by the green landscape, takes up the site-specific qualities of views through the surroundings and into the distance. The concept of generous open spaces continues inside the individual houses. The multi-storey apartments benefit from an all-round orientation and repeatedly provide a complete view from the forest down into the valley.

The three structures are designed as robust "erratic boulders", forming a stone contrast to the green surroundings and embedding themselves harmoniously into the landscape. A self-supporting clinker façade in beige-grey tones inspired by the surroundings forms the mural, natural and restrained expression of the new buildings.

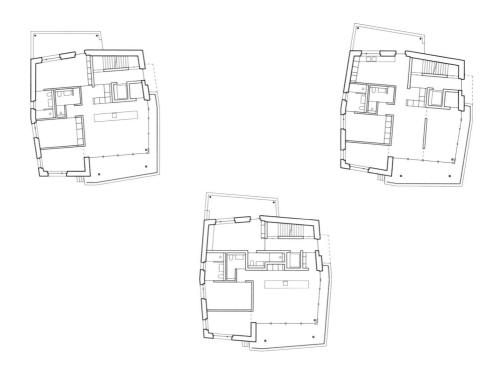

10 m

WOHNÜBERBAUUNG FICHTE, WOHLEN

Mitten in der heterogenen Dorfstruktur, zwischen durchflochtenen Asphalt-flächen und diskontinuierlichen Rasenflächen, hat sich ein kleiner Flecken Park-landschaft gebildet. Darin sanft eingebettet steht selbstbewusst ein metallisch-schimmerndes viergeschossiges Wohngebäude. Direkt hinter der metallenen Hülle befindet sich der Holzbau. Einfach betrachtet haben wir es mit zwei kompakten Holzvolumen zu tun, die versetzt auf einen Betontisch gestellt wur-den. Ein zusätzlicher Versatz um ein ganzes Geschoss in der Höhe kreiert einen überdachten Aussenraum im Erdgeschoss und eine Attika mit einem Ausblick auf das intensiv begrünte Landschaftsdach.

Die beiden Volumen sind an ihrer Schnittstelle mit dem innen liegenden Treppenhaus aus Beton verbunden und zugleich voneinander getrennt, was eine klare Differenzierung von zwei Wohnungen pro Regelgeschoss ermöglicht. Die schmale Gestalt der Baukörper erlaubt ein drei- bis vierseitig ausgerichte-tes Wohnen. Obwohl beide Wohnungen in entgegengesetzte Richtungen schauen, weisen sie durch den Versatz einen gleichgerichteten Ausblick in den Park auf.

Studienauftrag
Ausführung: 2022–2025
Bauherrschaft: Privat
Visualisierungen: OVI Images

Contracted study
Construction: 2022–2025
Client: Private
Visualisation: OVI Images

FICHTE HOUSING DEVELOPMENT, WOHLEN

In the middle of the heterogeneous village structure between interwoven asphalt surfaces and discontinuous lawns, a small patch of parkland has formed. A self-confident, shimmering metallic four-storey residential building has been gently embedded into the grounds. The wooden struc-ture is directly behind the metallic shell. In simplified terms, these are two compact, mutually offset wooden volumes placed on a concrete base. The additionally staggered height of an entire floor creates a covered outdoor space on the first floor and a parapet with a view of the dense greenery on the landscaped roof.

The two volumes are connected at their intersection by a concrete interior staircase, while remaining separate from each other, making a clear distinction between the two apartments on each standard floor. Its narrow shape allows apartments to be orientated towards three or four directions. Although both apartments look in opposite directions, their offset positions afford them the same perspective on the park.

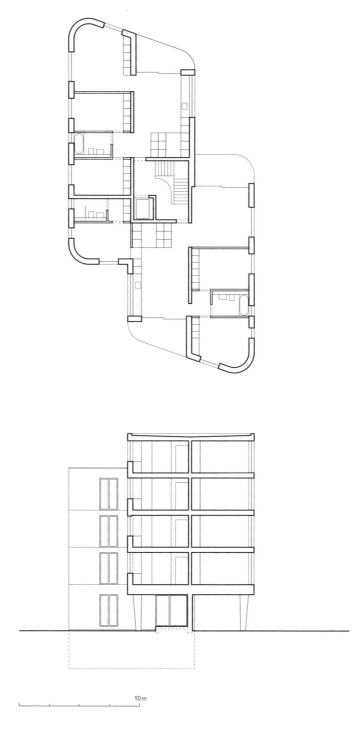

10m

KORKI-AREAL, DÜRRENÄSCH

Das Dorf Dürrenäsch ist charakterisiert durch eine lockere Siedlungsstruktur und Häusergruppen, die stellenweise mit dem kleinen Zentrum zusammengewachsen sind. In diesem Zentrum, an der Schnittstelle zweier wichtiger Verkehrsachsen, befindet sich das Korki-Areal; grossmasstäbliche Industriebauten sind prägend für diesen Ort, der nun in eine für Dürrenäsch passende «Dorfmitte» transformiert werden soll.

Ein subtiler Umgang mit der baulichen Veränderung soll die Identität des Ortes bewahren. Die Qualitäten der dörflichen Strukturen innerhalb grosszügiger Freiräume dürfen durch die zukünftige Entwicklung keinesfalls an Bedeutung verlieren, sondern sollen in einer verdichteten, neu gestalteten Form ihre Fortführung finden. Das ehemalige Industrieareal wird sich zum Dorf hin öffnen und mit dem umliegenden Quartier verweben.

Den Auftakt des neuen Korki-Areals bildet der erhaltenswerte Verwaltungsbau – mit seiner unersetzbaren Präsenz demonstriert er auch im neuen Wohnquartier Korki seine Bedeutung und bildet die Brücke zur Umnutzung der wertvollen Landflächen. Neubauten von unterschiedlichen Ausrichtungen und Proportionen schaffen differenzierte Innen- und Aussenräume und bilden zusammen mit der bestehenden Dorfstruktur ein neues Ganzes.

Studienauftrag auf Einladung, 1. Rang
Ausführung: 2023–2027
Bauherrschaft: Sarudo AG, Dürrenäsch
Architekturpartnerschaft: Zulauf & Schmidlin Architekten
Visualisierungen: OVI Images

Invited competition, 1ˢᵗ Prize
Construction: 2023–2027
Client: Sarudo AG
Partner architect: Zulauf & Schmidlin Architekten
Visualisation: OVI Images

KORKI AREAL, DÜRRENÄSCH

The village of Dürrenäsch is characterised by a loose settlement structure and groups of houses that have merged with the small centre in some places. The Korki Areal is situated in the centre, at the intersection of two important traffic axes; large-scale industrial buildings define the neigbourhood and should now be transformed into a "village centre" suitable for Dürrenäsch.

The location's identity must be preserved by handling the structural measures delicately. It is essential that the village's structural qualities within the generous open spaces do not lose their value through the future development, and should instead find their continuation in a condensed, newly designed form. The former industrial area will open up towards the village and interweave with the surrounding neighbourhood. The existing administrative building, which is worthy of preservation, marks the beginning of the new Korki Areal. Its irreplaceable presence will also demonstrate its importance in the new Korki neighbourhood, acting as a bridge to the valuable, newly converted land. New buildings with different orientations and proportions create diverse interior and exterior spaces and combine with the existing village structure to form a new whole.

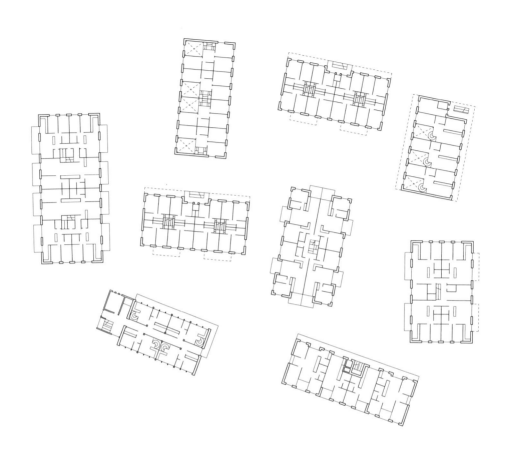

20 m

2018		Studienauftrag Feldmühle-Areal, Rorschach (mit Schwabe Suter Architekten, Zürich; 2. Preis)
2019	1	Wettbewerb Ersatzneubau, Seebach (mit Schwabe Suter Architekten, Zürich; 3. Preis)
		Wettbewerb Schulanlage Schützenmatt, Klingnau (mit Zulauf & Schmidlin Architekten, Baden; 2. Preis)
		Studie Wohnhaus S, Remetschwil
	2	Wettbewerb Vierfachkindergarten, Effretikon (2. Preis)
		Wettbewerb Erweiterung Schulanlage, Seengen
2020	3	Umbau Einfamilienhaus, Ennetbaden (mit Zulauf & Schmidlin Architekten, Baden)
	4	Studienauftrag Am Stadtbach, Suhr (mit Zulauf & Schmidlin Architekten, Baden; 2. Preis)
		Studienauftrag Projektentwicklung Eich-Birken-Lagerstrasse, Neuenhof (mit BEM Architekten, Baden)
	5	Umbau Einfamilienhaus, Zufikon (mit Zulauf & Schmidlin Architekten, Baden)
		Wettbewerb Kindergarten und Tagesschule Iddastrasse, St. Gallen (engere Wahl)
		Umbau Ferienwohnung, Arosa
	6	Umbau Einfamilienhaus, Baden
	7	Wettbewerb Bauliche Erweiterung Kantonsschule, Baden (mit Zulauf & Schmidlin Architekten, Baden)
2021		Wettbewerb Heizzentrale und Sportzentrum St. Ursula, Brig (mit Zulauf & Schmidlin Architekten, Baden; 2. Preis)
	8	Umbau Einfamilienhaus, Bellikon

1

2

3

4

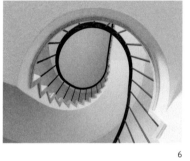

5

6

7

LIST OF WORKS
Selection of buildings, projects and competitions

2018		Contracted study, Feldmühle Areal, Rorschach (with Schwabe Suter Architekten, Zurich; 2nd Prize)
2019	1	Competition, replacement building, Seebach (with Schwabe Suter Architekten, Zurich; 3rd Prize) Competition, Schützenmatt School, Klingnau (with Zulauf & Schmidlin Architekten, Baden; 2nd Prize) Study, Residential Building S, Remetschwil
	2	Competition, quadruple kindergarten, Effretikon (2nd Prize) Competition, school extension, Seengen
2020	3	Conversion, single-family home, Ennetbaden (with Zulauf & Schmidlin Architekten, Baden)
	4	Contracted study, Am Stadtbach, Suhr (with Zulauf & Schmidlin Architekten, Baden; 2nd Prize) Contracted study, project development, Eich-Birken-Lagerstrasse, Neuenhof (with BEM Architekten, Baden)
	5	Conversion, single-family home, Zufikon (with Zulauf & Schmidlin Architekten, Baden) Competition, kindergarten and day school, Iddastrasse, St. Gallen (shortlist) Conversion, holiday home, Arosa
	6	Conversion, single-family home, Baden
	7	Competition, structural extension, cantonal school, Baden (with Zulauf & Schmidlin Architekten, Baden)
2021		Competition, heating centre and sports centre, St. Ursula, Brig (with Zulauf & Schmidlin Architekten, Baden; 2nd Prize)
	8	Conversion, single-family home, Bellikon

8

2021	9	Wettbewerb Kindergarten, Wetzikon (4. Preis)
		Wettbewerb Schulanlage Fegetz, Solothurn (mit Zulauf
		& Schmidlin Architekten, Baden)
	10	Wettbewerb Kindergarten Dickloo, Oberglatt
		Studienauftrag Wohnsiedlung Oberstadt, Aarburg
		Wettbewerb Neugestaltung Hafenpromenade Enge,
		Zürich
		Wettbewerb Schulhauserweiterung Areal Talholz,
		Bottmingen
		Wettbewerb Kindergarten Untervaz (4. Preis)
		Studie Wohn- und Geschäftshaus, Wollishofen

2022		Schulanlage Brühl, Solothurn (mit Zulauf & Schmidlin
		Architekten, Baden; Wettbewerb 2018, 1. Preis)
		Um- und Anbau Ferienhaus Rustico, Porto Ronco
		Umbau Einfamilienhaus, Baden
		Studienauftrag Areal Oberi Au, Klingnau (2. Preis)
		Wettbewerb Schulanlage Dorf, Root

2023	11	Wettbewerb Kantonsschule, Stein im Fricktal
		Wohnen am Hang, Fislisbach (mit Zulauf & Schmidlin
		Architekten, Baden)
		Planerwahlverfahren Alterswohnen, Safenwil
		Wettbewerb Vierfachkindergarten, Böttstein

		Laufende Projekte:
2021–		Wohnüberbauung Sandhof, Kirchdorf (mit Zulauf &
		Schmidlin Architekten, Baden; eingeladener
		Studienauftrag 2021, 1. Preis)
2022–		Wohnüberbauung Fichte, Wohlen (Studienauftrag
		2022)
	12	Atelierhaus, Schänis (mit Daisy Jacobs, Horgen)
2023–		Umbau Einfamilienhaus, Wettingen
		Umbau Ferienhaus, Laax
		Umbau Einfamilienhaus, Aarau
		Umbau Einfamilienhaus, Ennetbaden
		Umbau Einfamilienhaus, Baden
		Korki-Areal, Dürrenäsch (mit Zulauf & Schmidlin
		Architekten, Baden; Studienauftrag 2022, 1. Preis)

2021	9	Competition, kindergarten, Wetzikon (4th Prize)
		Competition, Fegetz School, Solothurn (with Zulauf & Schmidlin Architekten, Baden)
	10	Competition, Dickloo Kindergarten, Oberglatt
		Contracted study, Oberstadt housing estate, Aarburg
		Competition, redesign, Hafenpromenade Enge, Zurich
		Competition, school extension, Areal Talholz, Bottmingen
		Competition, Untervaz Kindergarten (4th Prize)
		Study, residential and commercial building, Wollishofen
2022		Brühl school complex, Solothurn (with Zulauf & Schmidlin Architekten, Baden; competition in 2018, 1st Prize)
		Conversion and extension, Rustico holiday home, Porto Ronco
		Conversion, single-family home, Baden
		Contracted study, Areal Oberi Au, Klingnau (2nd Prize)
		Competition, Dorf School, Root
2023	11	Competition, cantonal school, Stein im Fricktal
		Hillside housing, Fislisbach (with Zulauf & Schmidlin Architekten, Baden)
		Planner selection process, housing for the elderly, Safenwil
		Competition, quadruple kindergarten, Böttstein
		Ongoing projects:
2021–		Sandhof housing development, Kirchdorf (with Zulauf & Schmidlin Architekten, Baden; invitation contracted study in 2021, 1st Prize)
2022–		Fichte housing development, Wohlen (contracted study in 2022)
	12	Studio house, Schänis (with Daisy Jacobs, Horgen)
2023–		Conversion, single-family home, Wettingen
		Conversion, holiday home, Laax
		Conversion, single-family home, Aarau
		Conversion, single-family home, Ennetbaden
		Conversion, single-family home, Baden
		Korki Areal, Dürrenäsch (with Zulauf & Schmidlin Architekten, Baden; contracted study in 2022, 1st Prize)

ALEXANDER ATHANAS

1988	Geboren in Baden
2008–2015	Architekturstudium, ETH Zürich
2011–2012	Praktikum bei Sauerbruch Hutton, Berlin
2013–2014	Praktikum im Atelier Abraha Achermann, Zürich
2015	Diplom bei Prof. Markus Peter
2015–2017	Mitarbeit im Atelier Abraha Achermann, Zürich
2017–2018	Mitarbeit bei Neff Neumann Architekten, Zürich
2018–	Partner im Kollektiv Marudo, Baden
2021–	Vorstandsmitglied Verein Kunstraum Baden

OLE BÜHLMANN

1985	Geboren in Zürich
2008–2014	Architekturstudium, ETH Zürich
2011–2012	Praktikum bei Kuehn Malvezzi, Berlin
2012–2014	Hilfsassistent bei Prof. Dr. Uta Hassler
2014	Diplom bei Prof. Marc Angélil
2014–2016	Mitarbeit bei Duplex Architekten, Hamburg und Zürich
2016–2017	Visualisierer bei nightnurse images, New York und Zürich
2018	Mitarbeit bei Ernst Niklaus Fausch Architekten, Zürich
2018–	Partner im Kollektiv Marudo, Baden

EMANUEL MOSER

1983	Geboren in Zürich
1999–2003	Lehre als Hochbauzeichner
2004–2009	Architekturstudium, ZHAW Winterthur
2009	Diplom, Master of Arts ZFH in Architektur
2010–2022	Mitarbeit bei Zulauf & Schmidlin Architekten, Baden
2023–	Partner im Kollektiv Marudo, Baden

RAFAEL ZULAUF

1989	Geboren in Baden
2011–2018	Architekturstudium, ETH Zürich
2014–2015	Hilfsassistent bei Prof. Dietmar Eberle
2015–2016	Praktikum bei Pool Architekten, Zürich
2018	Diplom bei Prof. Markus Peter
2018–	Partner im Kollektiv Marudo, Baden
2019–	Vorstandsmitglied Raumforum Aargau

ALEXANDER ATHANAS

1988	Born in Baden
2008–2015	Studied Architecture, ETH Zurich
2011–2012	Internship at Sauerbruch Hutton, Berlin
2013–2014	Internship at Atelier Abraha Achermann, Zurich
2015	Graduated under Prof. Markus Peter
2015–2017	Employed at Atelier Abraha Achermann, Zurich
2017–2018	Employed at Neff Neumann Architekten, Zurich
2018–	Partner, Kollektiv Marudo, Baden
2021–	Board member, Verein Kunstraum Baden

OLE BÜHLMANN

1985	Born in Zurich
2008–2014	Studied Architecture, ETH Zurich
2011–2012	Internship at Kuehn Malvezzi, Berlin
2012–2014	Tutorial Assistant to Prof. Dr. Uta Hassler
2014	Graduated under Prof. Marc Angélil
2014–2016	Employed at Duplex Architekten, Hamburg and Zurich
2016–2017	Visualiser at nightnurse images, New York and Zurich
2018	Employed at Ernst Niklaus Fausch Architekten, Zurich
2018–	Partner, Kollektiv Marudo, Baden

EMANUEL MOSER

1983	Born in Zurich
1999–2003	Apprenticeship as a draughtsman
2004–2009	Studied Architecture, ZHAW Winterthur
2009	Graduated, Master of Arts ZFH in Architektur
2010–2022	Employed at Zulauf & Schmidlin Architekten, Baden
2023–	Partner, Kollektiv Marudo, Baden

RAFAEL ZULAUF

1989	Born in Baden
2011–2018	Studied Architecture, ETH Zurich
2014–2015	Tutorial Assistant to Prof. Dietmar Eberle
2015–2016	Internship at Pool Architekten, Zurich
2018	Graduated under Prof. Markus Peter
2018–	Partner, Kollektiv Marudo, Baden
2019–	Board member, Raumforum Aargau

Alexander Blum, Fanni Breiner, Daniela Dreizler,
Zi-Jian Timmy Huang, Simona Lazarova, Steven Mathis,
Nina Rohrer, Moritz Schmidlin, Nicolas Stevanovski,
Mirjam Zahn, Sascha Zink

AUSZEICHNUNGEN

2022	*Kaninchen 2022* (Nominierung): Schulanlage Brühl, Solothurn
2023	*Best Architects 24 Gold:* Schulanlage Brühl, Solothurn
	Best Architects 24: Um- und Anbau Ferienhaus Casa Campari, Porto Ronco

BERTRAM ERNST
Textbeitrag

1967	Geboren im Aargau
1987–1994	Architekturstudium, ETH Zürich
1994–1996	Mitarbeit bei Kienast Vogt Partner
1997–	Partner bei Ernst Niklaus Fausch Partner AG
2000–2009	Dozent für Architektur, Ostschweizer Fachhochschule
	Mitglied in diversen Fach- und Stadtbildkommissionen
	Fortlaufende Jurytätigkeiten

56

Alexander Blum, Fanni Breiner, Daniela Dreizler,
Zi-Jian Timmy Huang, Simona Lazarova,
Steven Mathis, Nina Rohrer, Moritz Schmidlin,
Nicolas Stevanovski, Mirjam Zahn, Sascha Zink

AWARDS

2022	*Kaninchen 2022* (Nominated): Brühl School, Solothurn
2023	*Best Architects 24 Gold:* Brühl School, Solothurn
	Best Architects 24: Conversion and extension, Casa Campari holiday home, Porto Ronco

BERTRAM ERNST
Article

1967	Born in Aargau
1987–1994	Studied Architecture, ETH Zurich
1994–1996	Employed at Kienast Vogt Partner
1997–	Partner at Ernst Niklaus Fausch Partner AG
2000–2009	Lecturer on Architecture, Eastern Switzerland University of Applied Sciences
	Member of various expert and cityscape committees
	Regular jury activity

Finanzielle und ideelle Unterstützung

Ein besonderer Dank gilt den Institutionen und Sponsorfirmen, deren finanzielle Unterstützungen wesentlich zum Entstehen dieser Buchreihe beitragen. Ihr kulturelles Engagement ermöglicht ein fruchtbares und freundschaftliches Zusammenwirken von Baukultur und Bauwirtschaft.

Financial and conceptual support

Special thanks to our sponsors and institutions whose financial support has helped us so much with the production of this series of books. Their cultural commitment is a valuable contribution to fruitful and cordial collaboration between the culture and economics of architecture.

ERNST GÖHNER STIFTUNG

4B AG, Baden-Dättwil

André Roth AG, Baden

Bafento AG, Gebenstorf

Bauwerk Group Schweiz AG, St. Margrethen

BSB + Partner Ingenieure, Solothurn

Conrad Holzbau AG, Mellingen

die Mobiliar, Baden

Doris + Peter Athanas, Baden

Gebr. Meier AG Rohrleitungsbau, Birrhard

HKP Bauingenieure AG, Baden

HUSNER AG Holzbau, Frick

Lurati & Frei SA, Ascona

OVI Images GmbH, Baden

SABAG Baukeramik AG, Baden-Dättwil

Schenker Storen AG, Baden

TETI CONSTRUZIONI SAGL, Ronco sopra Ascona

Truninger-Plot 24 AG, Zürich

Zulauf & Schmidlin
Architekten BSA SIA AG

Zulauf & Schmidlin Architekten BSA SIA AG, Baden

Kollektiv Marudo
52. Band der Reihe *Anthologie*
Herausgegeben von: Heinz Wirz, Luzern
Konzept: Heinz Wirz; Kollektiv Marudo, Baden
Projektleitung: Quart Verlag, Antonia Chavez-Wirz, Luzern
Textbeitrag: Bertram Ernst, Zürich
Objekttexte: Kollektiv Marudo
Textlektorat deutsch: Miriam Seifert-Waibel, Hamburg
Übersetzung deutsch–englisch: Benjamin Liebelt, Berlin
Fotos und Renderings: Rasmus Norlander, Zürich, S. 9–19, 29–37;
nightnurse images, Zürich, S. 50 (Nr. 1); OVI Images GmbH, Baden, S. 39–49,
S. 50 (Nr. 2, 4), 51 (Nr. 7), 52 (Nr. 9, 10, 11); Giorgio Marafioti, Agno, S. 21–27;
René Rötheli, Baden, S. 50 (Nr. 3), S. 51 (Nr. 5, 6, 8); Daisy Jacobs, Horgen,
S. 52 (Nr. 12); Kollektiv Marudo, S. 54
Redesign: BKVK, Basel – Beat Keusch, Angelina Köpplin-Stützle
Grafische Umsetzung: Quart Verlag Luzern
Lithos: Printeria, Luzern
Druck: DZA Druckerei zu Altenburg GmbH

Der Quart Verlag wird vom Bundesamt für Kultur für die Jahre 2021–2024
unterstützt.

Kollektiv Marudo
Volume 52 of the series *Anthologie*
Edited by: Heinz Wirz, Lucerne
Concept: Heinz Wirz; Kollektiv Marudo, Baden
Project management: Quart Verlag, Antonia Chavez-Wirz, Lucerne
Article by: Bertram Ernst, Zurich
Project descriptions: Kollektiv Marudo
German text editing: Miriam Seifert-Waibel, Hamburg
German–English translation: Benjamin Liebelt, Berlin
Photos and renderings: Rasmus Norlander, Zurich, p. 9–19, 29–37;
nightnurse images, Zurich, p. 50 (No. 1); OVI Images GmbH, Baden,
p. 39–49, p. 50 (Nos. 2, 4), 51 (No. 7), 52 (Nos. 9, 10, 11); Giorgio Marafioti,
Agno, p. 21–27; René Rötheli, Baden, p. 50 (No. 3), p. 51 (Nos. 5, 6, 8);
Daisy Jacobs, Horgen, p. 52 (No. 12); Kollektiv Marudo, p. 54
Redesign: BKVK, Basel – Beat Keusch, Angelina Köpplin-Stützle
Graphic design: Quart Verlag Luzern
Lithos: Printeria, Lucerne
Printing: DZA Druckerei zu Altenburg GmbH

Quart Publishers is being supported by the Federal Office of Culture for
the years 2021–2024.

Quart Verlag GmbH
Denkmalstrasse 2, CH-6006 Luzern
books@quart.ch, www.quart.ch

*inserted booklet with translation